いいことだけを引き寄せる
結界のはり方

好事吸引力結界

碇典子 著 龔婉如 譯

前言

越覺得無法順利招來好運的人，才是真正好運的人

大家好，我是靈性治療師碇典子。

學習潛意識這二十年來，我探究爲何有些人無法順利吸引到眞正想要的東西，而有些人則總能招來好運。

「吸引力法則」在這幾年蔚爲風潮，除了超自然愛好者，就連上班族，甚至是家庭主婦都聽過這個名詞。

但大部分的人試過之後卻發現，不知道怎麼招來好運，或無法順利實現願望。

許多客戶告訴我：

「照著吸引力法則的方法去做，卻不太順利。」

「查了很多資料，但不太清楚怎麼做才對。」

「還是沒有發生幸運的事。」

本書將為各位介紹吸引力法則的細節，讀過之後大家會發現，原本以為吸引力法則沒有發生在自己身上，或是只發生一堆不好的事，其實正是吸引力法則確實發揮了作用。

而且，這種吸引力可不是普通的強，說不定你還能稱得上是「吸引力法則專家」。

怎麼說呢？因為你順利吸引到了不好的事情。

吸引力法則是宇宙運行的眾多法則之一，而且不只發生在人的身上，也會發生在宇宙萬物之間。

因此，這個法則根本無關「是否符合大家期望」「難或不難」「有沒有辦法做到」這種層級的問題，而是一種「自然發生」的現象。

也就是說，許多人覺得沒有順利吸引到好運或是不順利，其實都是不正確的。

因爲問題並不在此。

許多認爲沒有順利發揮吸引力的人，他們在意的點其實是「希望只吸引到好運，不要吸引到壞運氣」。

大家都希望所謂的吸引力法則，只吸引到「好事」。

希望只吸引到好運。

希望吸引到財運。

希望遇到真命天子。

希望獲得更多愛。

希望得到好的商機。

希望做自己想做的事並獲得成功。

本書爲各位介紹的方法，都能幫助你只吸引到好事，不吸引到不符期望的事。

其關鍵就在於「結界」。

怎麼樣的結界能確保只吸引到好事？

說到結界，你會聯想到什麼？

所謂的結界，其實就像是一種能量的守護罩。

或許有些人覺得這種說法有點超自然，跟自己一點關係都沒有。

但其實結界一直存在於我們四周，是大家自古以來就非常熟悉的東西，只是一般人沒有察覺罷了。

日本最具代表的結界，就是神社的鳥居。

鳥居是一種將神明的領域與人類的領域區隔開來的分界線。因爲結界確實發揮了作用，因此晦氣等不好的能量就不會進入神社的領域之中。

而且，任何人都可以輕鬆打造這樣的結界。

吸引力法則是一種自然發生的宇宙法則，更可以藉由結界守護能量，有意識地阻止不好的東西靠近。

而除了阻止不好的東西靠近之外，結界甚至會成爲吸引好運的能量場。

從思考打造結界。
從言語打造結界。
從潛意識打造結界。
從鹽或能量石打造結界。
從人際關係打造結界。
養成以淨化加強結界的習慣。
如何將結界內部轉變為能量場。

本書將爲各位介紹以上幾種打造結界、加強結界、吸引好運的方法。
每個方法都非常簡單，而且可以內化成每天生活中的習慣。
相信大家試過之後就會發現能量變高了，也能慢慢吸引到各種正面事物。
也希望各位在看完本書後，每天的生活變得更豐富。
祝福大家都能實現豐富而幸福的人生。

CONTENTS

CONTENTS

CONTENTS

CONTENTS

CONTENTS

CONTENTS

第4章 將結界內的區域轉變為能量場的方法

CONTENTS

CONTENTS

CONTENTS

第6章 只吸引好事的祕訣

第1章

認為吸引力法則沒用的人，有九成都誤會大了

1-1 一般人對吸引力法則的誤解，背後蘊含著什麼祕密

潛意識與吸引力法則之間的關係

近幾年非常流行「吸引力法則」，到處可以看到這類訊息，甚至吹起了一股不小的風潮。

相信許多讀者都研究過吸引力法則。

是不是每個接觸這類課程的人都能順利招來好運、過著幸福快樂的日子呢？

正在閱讀此書的你，又是如何？

事實上，只有少數人能如願招來好運。原因就在於大多數人的一個迷思。

最常見的迷思，就是大家誤以爲只要想像某個想要得到的東西、希望達成的目標，夢想就可以成眞。

也就是說，一般人對於吸引力法則的解讀都是「實現願望」。

但許多人即使努力在腦海中描繪出清晰的畫面，願望也完全沒有實現。

其實願望沒有實現，這件事本身就是一種迷思。

願望之所以沒有實現，並不是吸引力法則沒有發揮作用，而是吸引到潛意識裡的東西。

簡單來說，所謂的吸引力並不是使願望實現，而是「使潛意識所想的成爲現實」。

吸引到潛意識所想的，並使這件事成真，才是真正的吸引力法則。

許多人都有願望及心願，但大部分都停留在大腦，沒有傳遞到內心深處的潛意識之中。

而我們吸引到的，都是潛意識所想的。

也就是說，吸引力法則確實已經發生。
如果潛意識想著負面的事物，就會吸引到同樣負面的事物。
因此，如果希望願望實現，就必須與潛意識建立良好的關係。

吸引力法則的祕密

即使大腦（顯意識）想著「想要某樣東西」，但如果潛意識想的是「不需要」「不安」或「恐懼」的話，就會吸引到後者。

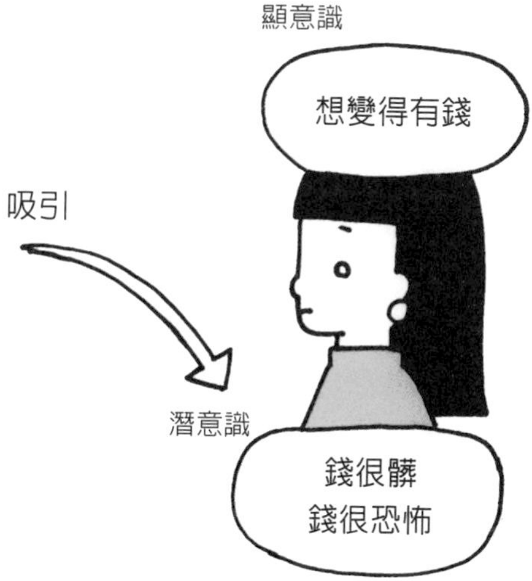

你吸引到的不是顯意識想的，
而是潛意識所想的事物。

1-2 為什麼總是吸引到不好的事情

守護自己的防護罩反而限制了行動與思考

爲什麼我們總是吸引到負面事物？

前一章節已經聊過我們會吸引到潛意識裡的東西，而不是大腦所想的。所以就算大腦有「想變更有錢」或是「希望遇到眞命天子」的願望，但潛意識卻有「錢很髒」「錢太多反而會不幸」「像我這種沒有魅力的人怎麼可能遇到好對象」等想法的話，這些負面想法反而會成眞。

那麼，怎麼樣才能將願望傳遞到潛意識呢？

最重要的，就是將潛意識裡的負面想法解放出來。

潛意識之所以會變得負面，主要原因在於「心牆」。

什麼是心牆？以下爲大家簡單說明。

爲了保護自己，潛意識會在不知不覺中形成一堵心牆。大家可以把它想成是一個防護罩，保護我們的內心不受實際發生的事情所影響。

以下舉例說明，人在怎樣的情況下會產生心牆。

無法承受的悲傷或痛苦。

←

用蓋子把情緒蓋起來，不要有感覺。

←

不想被罵、不想惹人生氣而產生恐懼感。

←

採取某些不會被罵、不惹人生氣的行為。

不想被嫌棄、希望受人疼愛。

↓

委屈自己，盡量滿足對方。

許多人的心牆大多在兒童時期形成。

心中築了牆的人，長大之後會覺得「活得很辛苦」「無法往前走」或「什麼都做不了」，並因此吃苦。

若無法消除心牆，長大後即使心中抱著某些願望，大多也會被牆擋住。

爲什麼有心牆的人比較難實現願望呢？

假設有個女孩子，她很喜歡畫漫畫和插畫，希望以這個興趣爲職業。

雖然她很會畫畫，卻常常抱著「我可能辦不到」的想法。

這時，她心裡就產生了「畫漫畫沒有用」「讀書比畫畫重要」的迷思，也就是心裡有了一道牆。

為什麼一直引來不好的東西？

一旦形成心牆，行動和想法就會受到限制，使自己無法從事真正想做的事、無法獲得真正想要的東西。

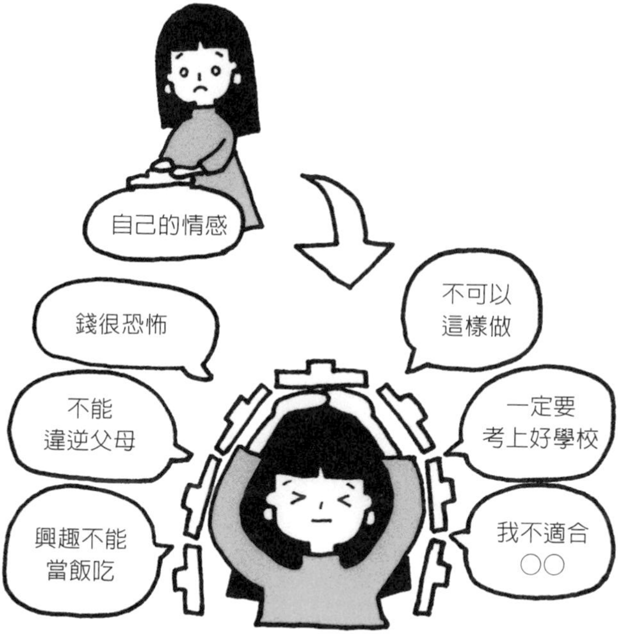

因為潛意識受到心牆影響！

小孩無法自立，必須仰賴大人照顧，如果父母經常告訴小孩「不要一直畫畫，快去讀書！」或是「畫漫畫沒有用！」，因爲不想惹父母生氣，所以小孩就會產生這樣的迷思：「讀書比畫漫畫重要」「畫畫沒有用」。

一旦產生了這種想法，即使她眞的很想成爲漫畫家或插畫家，也會告訴自己「興趣不可能變成工作」「爲了生活，我還是得繼續做現在的工作」。

因爲心牆存在於潛意識當中，而且比潛意識更爲強烈，所以會在心裡形成「興趣不能變成工作」的狀態。

心牆的形成是無意識的，並且會深深烙印在潛意識中，因此很難察覺。

只要能察覺並順利破除心牆，眞正的願望就能進入潛意識當中並順利實現。

1-3 運氣越差的人，越容易招來負面事物

人往往會聚焦於負面事物

許多覺得自己無法招來好運的人，大多認為好事不會發生在自己身上，老是發生倒楣的事情，所以才無法招來好運。

其實**所謂的吸引力法則，不但會招來好運，也會招來壞運**。

那麼，為什麼會發生負面的事情呢？就像剛才所說，是因為潛意識變得負面。

這裡有一個很重要的關鍵，就是人往往會聚焦於負面，而忽略了正面的事物。

為了保護自己的生命不受威脅，人的潛意識往往會聚焦於非注意不可與危險的

事情上。

舉例來說，心情愉快地度過一整天之後，到了晚上如果聽到主管或伴侶說了些什麼而不開心，或是受到指責，原本的好心情就會消失得不見蹤影。

那是因爲不愉快的事情、憤怒或不滿的情緒，比開心的回憶更容易影響我們。

所以，如果我們什麼都不做的話，潛意識就會自然聚焦在負面。如此會產生負面的低波動，並且吸引到同樣波動的負面事物。

當然，我想誰都不希望聚焦於負面的事物吧。

不過，潛意識並沒有辦法幫我們判斷什麼是好、什麼是壞。

我們都是在不知不覺中，吸引到潛意識所想的。

那麼，要如何將潛意識的想法轉爲正面，並吸引到自己想要的東西呢？

最重要的就是「結界」。

這裡將爲各位介紹打造結界的方法，幫助大家清理潛意識，讓你只吸引好東西、不吸引壞東西。

1-4 不吸引到壞東西的力量

什麼是結界

相信沒有人想吸引到讓人心情沮喪的事情、職場或人際關係吧。

爲了達到這樣的目的，就必須「打造結界」。

接下來爲各位簡單介紹何謂結界。

結界就像一種肉眼看不到的保護罩，可以區隔肉眼看不到的空間，例如乾淨的地方與不乾淨的地方、自己的空間與他人的空間等。

說到結界，有些人會怕怕的，或許還有人會聯想到宗教或某種儀式。

但事實上，結界與我們的生活息息相關，只是平常大家並不會特別意識到它的存在。

最爲人所知的結界，就是神社的鳥居。

許多人應該都有過這樣的經驗，穿過鳥居之後腰桿筆挺，彷彿更有精神，或是周遭的空氣瞬間變得不一樣。穿過鳥居，等於從人類的世界進入了神明的世界。

此外，在日本的茶道文化當中，會在茶亭外面放置綁有繩結的關守石或止步石，這也是在打造結界。

只要仔細觀察，就會發現生活中有各種結界。結界其實是一種自古以來，人類有意識地守護空間或領域的方法。

本書爲大家介紹各種打造結界的方法，都是更爲私人、每個人都可以在日常生活中使用的。

除了教各位如何使用護身符打造結界之外，還會介紹各種淨化的方法、波動（能量）、言語的力量、潛意識的狀態、如何選擇各種物品等，也就是廣義的打造結界的方法。

打造結界這種說法，或許會給人一種超自然現象的感覺，但其實不然，因為我自己也很怕那種東西。

下一章開始會提到各種結界，各位不妨將這些結界想成日常可以輕鬆做到的「能量防護罩」。

打造結界的好處在於：

「不讓外界的負面能量進入自己的領域之中。」

打造結界能確保所有不需要、不在期望之中的東西，以及晦氣、不喜歡的人等負面事物不接近我們的身心靈。

身體的結界

請大家思考一下，什麼是守護身體的結界？

想像一下自己的住家。

當你從外面回到家中，關上門之後，應該會感覺很安心吧。

那是因爲家成爲一個隔絕外界的結界，守護著我們。因爲確定自己是安全的，所以我們會感到安心。

當我們身處於外面的世界時，會在不知不覺中吸收到許多負面能量。

「總覺得肩膀很沉重。」

「老是無法消除疲憊感。」

負面能量會對我們的身體帶來上述的影響。

但只要一回到家，這些負面能量就無法影響我們了。

能夠有如此舒適的空間，是因爲家成爲守護我們的結界。

心靈的結界

那麼，心靈的結界又是什麼呢？

所謂的心靈結界，絕對不是將內心封閉起來。

而是守護內心。

心靈和身體一樣，也會感覺疲累。因爲我們會在不知不覺中受到各種念頭、怨氣或猜忌等晦氣所影響。

當我們接收過多資訊或是他人的言語，因而感到悲傷、難過或生氣時，就會因爲這些能量而受到影響。

打造結界之後，可讓我們不受這些不好的事情影響。這對於想引來好運，使內心維持良好狀態也是非常重要的。

守護身體及心靈，使我們不受負面事物影響，這就是結界的力量。

1-5 讓結界裡的空間保持潔淨

「淨化」的重要性

說明如何打造結界之前，請先了解以下這些事。

打造完結界之後，負面能量就不像之前那麼容易進入結界中了。

但要特別注意的是，我們必須隨時淨化結界內的區域，否則能量減弱，招來好運的效果會慢慢變差。

接下來介紹的各種結界，並不是將所有事情阻隔在外的無形的牆。

而是將不好的能量阻隔在外的同時，也能吸引高波動或好的能量，否則我們就無法繼續吸引好的能量和力量了。

此外，並不是打造結界之後就能永久得到保護。

重要的是必須進行每天的例行維護工作。

如果希望維持結界的狀態，就必須隨時淨化，並持續提升波動。

打造結界並隨時淨化，才不會吸引到負面的東西，將心中真正想要的東西、正面的能量及力量吸引到我們的身邊。

第2章

打造一個只會招來好運的結界

2-1 能量的規則

能量是一種微小的波動

打造結界的時候，有一點非常重要，那就是「能量」（波動）。

這種肉眼看不見的能量有各種說法，像是氣功中的「氣」，在瑜伽中稱爲「prana」（氣或生命能量），在夏威夷則稱爲「mana」（神氣或靈氣）。

那麼，這個能量究竟是什麼呢？

不論是我們的身體、房間裡的桌子或椅子、樹木或花朵等植物，都是由「基本粒子」這種基本組成單位所構成。

這些微小的粒子，隨時處於晃動的狀態。

看到這裡，或許有些讀者意會不過來。大家只要知道這些微小的基本粒子，在晃動時會產生「波動」就可以了。

而具備相同波動的物體之間會互相吸引。

這些波動的能量具有以下規則。

・人、物品、空間等任何事物都具有波動的能量。

・波動分為「高波動」和「低波動」兩種。

・低波動會吸引同樣低波動的事物。

・高波動會吸引同樣高波動的事物。

・波動會受到周遭能量的影響而變高或變低。

大致列出以上幾個基本原則。

本書所介紹的結界，就是一種只允許高波動進入、將低波動阻隔在外的結界。

也就是因爲有各種不同的能量，才會產生結界。

舉例來說，一直沒有財運或好時機、遇不到對的人，就是處於低波動、只吸引到低波動的狀態。

這時只要打造結界，你的波動就會變高，使低波動的事物無法靠近。如此，自然就能守護我們的身體和心靈，也會爲潛意識帶來好的影響。

接下來就爲各位介紹具體的方法。

2-2 維持正面思考就是一種結界

如何從潛意識層面變得正面

只要自己隨時抱持正面的態度，就能打造結界。

每個人對「正面」的解讀都不太相同。

這裡所說的正面，並不是強迫自己變得正面。

就算勉強將負面轉爲正面，但潛意識還是負面的，也不會有所改變。處於負面情緒的時候，必須先將自己從負面情緒中解放出來（可參考第59頁，如何與自己的內心對話）。

要特別留意的是，必須從潛意識層面就處於正面的狀態。

潛意識層面處於正面，也就是維持在高波動的狀態。
前文已經提到，如果想要吸引好的能量及力量，就必須提高波動。
提高波動就是一種打造結界的方法。
只要提高自己的波動，不與低波動產生共鳴，就不會吸引到負面的東西。
那麼，要如何提高波動呢？可以參考以下幾種方法。

- **多接近高波動的人、景仰的對象。**
- **隨身攜帶高波動的物品。**
- **多接觸新鮮空氣、清澈的水流等能量較高的事物。**
- **遠離負面言論的人，多與正面思考及正面言論的人來往。**
- **不要去波動低的地方或接近波動低的人。**

打造結界後波動自然就會提升，請務必一試。
相信每個人讀完都可以從潛意識層面變得正面。

波動的規則

· 波動高，就會吸引到同樣高波動的東西。
· 波動低，就會吸引到晦氣或負面能量的人事物。
· 潛意識變得正向就能成為結界。

只要提升波動，
吸引到的東西也會跟著不一樣。

2-3 從言語打造結界

藉由言語的波動招來好運

平常我們掛在嘴邊的話，也可以打造結界。

只要經常將好話掛在嘴邊，說出來的話就會成爲結界，使我們受到言語的力量保護。

言語的結界具有強大的力量，請大家在生活中特別留意。

經常在日常中提醒自己說好話，就能吸引到和這些正面言語具有相同波動的正面能量、正面力量、正面的人。

反過來說，如果老是將以下這些低波動的話掛在嘴邊，絕對只會吸引到同樣低

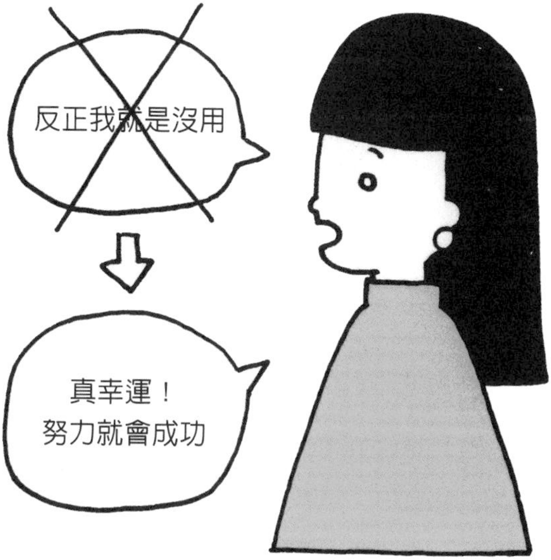

波動的負面人事物。

「都是他害的。」

「那個人太狡猾了。」

「氣死我了。」

「反正我就是沒用……」

「眞倒楣。」

「做不下去了。」

因此請大家有意識地多說正面的話，像是：

「一定沒問題的！」

「太幸運了！」

「努力就會成功！」

只要持續有意識地將這些話掛在嘴邊，就能將這些話烙印在潛意識裡。

如此一來，就眞的會吸引到幸運的事情。

人常常會在無意識中說出潛意識所想的，如果發現自己出現負面的口頭禪，就要試著多說正面的話。

如何改變口頭禪

接下來向各位介紹幾種效果很好的提升運勢的方法。

能一直保持正面態度當然最好，但人總有心情沮喪、負面情緒籠罩的時候。

當你產生「反正我就是沒用」的念頭，不妨嘗試將負面的「反正」轉變爲正面的說法：

「反正我就是會好運。」

另外像是：

「反正我就是會有錢。」
「反正我就是會幸福。」
「反正我就是會很順利。」

可以這樣嘗試改變口頭禪的內容。
另外更推薦大家以下這句話：

「反正我就是有人愛。」

越來越多客戶告訴我，聽了我這個方法之後，實際將這句話掛在嘴邊，就真的受到大家喜愛了。

只要改變口頭禪，一個小小的動作就會爲現實生活帶來變化。

請大家務必一試。

言語具有魔力

對吸引力法則或潛意識比較有研究的讀者，或許聽過日文中有一個詞叫做「言靈」。

所謂的言靈，是指言語本身具有靈魂。

也就是說，**我們所說的每一句話都是有生命的，都會對現實生活產生影響力**。

許多人常在無意間說的一句話就是，「我沒錢」。

這句話會引來眞正沒錢的狀態，所以要特別小心。

另外像是「我辦不到」，也是一樣。

一說出這句話，就眞的「辦不到」了。

當你覺得某件事或許有點難、不知道能不能做好，這個時候不能說「我辦不到」，而是應該說「我試試看」。如此一來就真的能把事情做好。

聽起來似乎很不可思議，但言語真的具有改變現實的神奇力量。

多使用正面的話語，這些話就絕對會吸引到正面的結果。

所以一定要記得隨時多說好話。

把好話當作口頭禪的人，就會得到好結果。

2-4

從思考打造結界

不自覺地聚焦於負面事物

有意識地將想法轉向正面，就能打造守護自己的結界。

若我們不特別去意識這件事，就會不自覺聚焦於負面事物。

我們的潛意識隨時都在發揮作用，以確保自己不受傷害。

每個人有不同的思考傾向。這是一種習慣，因此可以藉由某些動作，將思考轉爲正向思考。

接下來就爲各位介紹這些方法。

藉由靜心找出思考的習慣

從思考打造結界的重點在於，以正面想法增加好的能量、減少負面能量。

我個人非常推崇靜心這個方法。

全神貫注於活在當下的靜心，最近非常受到矚目，就連 GOOGLE、APPLE、INTEL 等跨國企業也鼓勵員工靜心。

由此可知，靜心是非常有效果的。

靜心有各種方法，像是「什麼都不想」「將專注力集中於呼吸」「吟唱曼陀羅」等。

請大家先輕輕閉上眼睛，感受自己正在思考的事情。

剛開始不需特別講究姿勢或體態，也不必設定靜心的時間長短，侷限太多反而無法持久。

只需在方便的時候騰出一分鐘。

專注於現在腦中冒出來的想法，不加以肯定，也不加以否定。

你所要做的，就只是靜靜感受「原來我正在想這些事情」。
不斷重複這個動作，慢慢地就會察覺自己平常都在想些什麼。

・總會以負面角度思考家庭問題。
・想的幾乎都是工作上的不安。
・煩惱減重、髮型等與外貌相關的事情。
・不知道爲什麼一直擔心錢的問題。

如果你有以上這些念頭，其實問題都在於心牆。
找出思考的傾向之後，就不會一直聚焦於負面思想。
建議大家不妨空出一些時間眞誠面對自己。

藉由靜心找出「思考的傾向」

· 調整輕鬆的姿勢和呼吸，並閉上雙眼。
· 感受自己正在思考什麼。
· 了解自己思考的傾向。

只要找到自己的思考傾向，
就不會聚焦於負面思考。

具有魔力的一句話——「託他的福」

了解自己的思考傾向之後，就可以進行下一個步驟。

一旦浮現負面的想法，就將它轉爲正面。

有一句我經常使用的魔法語言。

那就是——「託他的福」。

只要在開口前，先想著這句話，整段話就會變得正面。

舉例來說：

和朋友約見面，到了之後卻接到對方傳來會遲到的訊息。

↓（託他的福）我總算有時間讀一直很想讀的書。

料理沒做好。

↓（託他的福）下次一定會做得更好吃。

「託他的福」的言語魔法

「事實＋託他的福」（也有這樣的好事），大家一起養成將負面轉為正面的習慣吧。

負面思考慢慢消失。

大家覺得怎麼樣？

不管腦中浮現多麼負面的想法，只要加上「託他的福」這句話，自然就會在後面接上打消負面念頭的語言了。

反覆這種將負面轉為正面的練習，並加以實踐，就能打造言語的結界。

2-5 從潛意識打造結界

如何與自己的內心對話

我們也可以藉由自己的潛意識來打造結界。

我們可以對自己的潛意識帶來某些影響，其中最好的影響就是，隨時注意不讓波動變低。

在這裡和大家分享一個我平常會特別實行的方法。

爲了不使波動變低，與自己的內心對話是非常重要的。

當你靜不下心、感覺痛苦，或是覺得悲傷、難過、有說不上來的感受時，請一定要和自己的內心對話。

放任不管的話，波動就會一直降低。

發生了令人生氣的事，就用紙筆把這些惱人的事寫下來。
難過的時候，將難過的事情一五一十寫下來。

不論是沮喪的感覺、負面或黑暗的感覺，或是不好的念頭，都照實寫在紙上或筆記本上。

寫下來之後，就能以客觀的角度看待這些已經發生的事實。如此一來就不會被這些情緒牽著走，創造與內心對話的機會。

例如，某天發生了一件讓你覺得「那個人太過分了！氣死我了！」的事情。
這時不妨捫心自問：「爲什麼覺得討厭？」
然後將產生情緒的原因一五一十地寫下來。

例如：

「因為他都不聽我說話。」

接下來再問自己：

「為什麼他不聽我說話這件事讓我這麼生氣呢？」

「這樣會讓我覺得自己好像局外人。」

「讓我有被孤立的感覺。」

接著再問自己：「為什麼不喜歡這種感覺？」

「我好像局外人，感覺被冷落。」

這時，就會發現原來自己討厭的不是這個人，而是因為產生「被冷落」的情緒：

「原來是這樣，原來是因爲我會因此感覺被冷落。」

仔細感受自己的情緒，貼近自己的情緒，就像擁抱自己一樣。

只要仔細感受，就能讓負面情緒慢慢獲得釋放。

負面情緒並非不好。

發生不開心的事情時，正好讓我們有認識自己的機會。

如果對這些情緒視若無睹，反而會使內心封閉，變得越來越不懂得自己。

這樣和自己的內心對話之後，或許會產生「就是這樣沒錯」「就是有這種感覺」的偏見。

但如果不能正視眼前的事實、不願意仔細回想某人是不是眞的說了某些話，我們的內心就會被負面偏見所淹沒。

每天和自己對話，情緒才能獲得安慰，讓心情保持愉快。

重要的是，必須馬上開始進行這樣的對話。身體不小心受傷時，我們會馬上處理傷口，因爲放著不管的話傷勢會越來越嚴重；心理狀況也是一樣，內心受傷的

試著像LINE一樣與自己對話

話一樣會逐漸惡化。

所以，建議大家只要發現浮出負面情緒，就盡快與自己對話吧。及時處理內心的傷口是非常重要的。這麼做可以阻止波動下降，並恢復良好的狀態。

如果你還不習慣與內心對話，不妨試著在早上起床時開始做起。早上起床後，只要有一絲不安或感覺不愉快，就把這些事情寫在紙上或筆記本上，並和自己對話。

你會發現自己慢慢地不受心裡的不安和負面成見所影響，也能進而提升波動，潛意識會爲我們設下這一天的結界。

如此一來，便能夠度過愉快的一天。

「與內心對話的練習」幫助打破心牆

請準備紙和筆。

回想一下，有什麼是你一直很想做，但卻遲遲無法嘗試、無法採取行動的事情？請將這些事寫下來。（手邊沒有紙的話，也可以寫在左邊的方框內。）

寫好之後，試著與自己對話。

如果你心中浮現的是以下這些讓你停滯不前的屏障：

「眞正想做的事情根本不能當作職業。」

「爲了生活而不得不做現在這份工作。」

不妨這樣捫心自問：

「真正想做的事情不可能當作職業，真的是這樣嗎？」

「為了生活不得不做現在這份工作，真的是這樣嗎？」

很多事情其實只是自己一廂情願，所以才要寫在紙上，讓潛意識裡的一廂情願可視化。

「真正想做的事情根本不可能當作職業，真的是這樣嗎？」

←

「是真的。真正想做的事情怎麼可能變成職業。」

「那要怎麼樣才能把這個當作職業呢？」

對話逐漸深入之後，再將對話內容轉變為「怎麼樣才做得到」。

←

「為了生活而不得不做現在這份工作。」

「為了生活不得不做現在這份工作，真的是這樣嗎？」

↓

「是真的，而且現在把工作辭掉的話就活不下去了。」

↓

「那要怎麼樣才能把現在的工作辭掉，還能同時維持生活？」

就是這樣轉換。

請看著自己寫下來的「使我無法嘗試、無法採取行動」的屏障，一邊與內心對話。

然後試著採取一些行動，改變自己的想法，就能比較容易解除屏障了。

2-6 用鹽打造結界

淨化空間與身體的神器

鹽也可以打造結界。

相撲道場「土俵」，和日本的神社等地方，自古就用鹽巴來淨化或驅邪。使用鹽的原因有各種說法，在《古事記》及《日本書紀》裡可以找到神道教用鹽驅邪的典故。

傳說日本神話的男神伊弉諾尊在妻子伊弉冉尊從黃泉返回陽世之後，使用海水爲妻子淨身，之後水和鹽巴便成爲重要的淨化、驅邪道具。

讀到這裡，對風水有研究的讀者，應該已經知道我要說什麼了。

沒錯，就是「堆鹽」。將粗鹽放在自己喜歡的盤子上，擺在房間的四個角落或玄關就可以了。

不管是外出旅遊下榻的飯店，或是新家的房間，只要感覺到任何負面的氣息，或是覺得身體不舒服，就馬上用鹽打造結界吧。

做法非常簡單。

在房間的四個角落放上白紙，將鹽堆放在上面即可。如果擔心會打翻，用紙包起來也無妨。

如此一來，鹽的力量便會形成結界，將不好的東西隔離在房間之外。

有機會到有能量的景點旅遊時，不妨買些當地的水和鹽。

這樣就能將當地的好能量帶回來。

我自己用鹽打造結界的方法，是在泡澡的時候加入鹽巴。

這樣可以達到所謂的淨化效果。

泡在加了鹽巴的洗澡水裡，會感覺似乎有些肉眼看不到的東西慢慢脫落了。

如果覺得最近似乎累積較多晦氣、運勢遲遲無法提升，還可以加一些酒。藉由鹽與酒進行淨化，也能打造出一個不會吸引負面能量的身體。

在洗澡水裡加入鹽巴

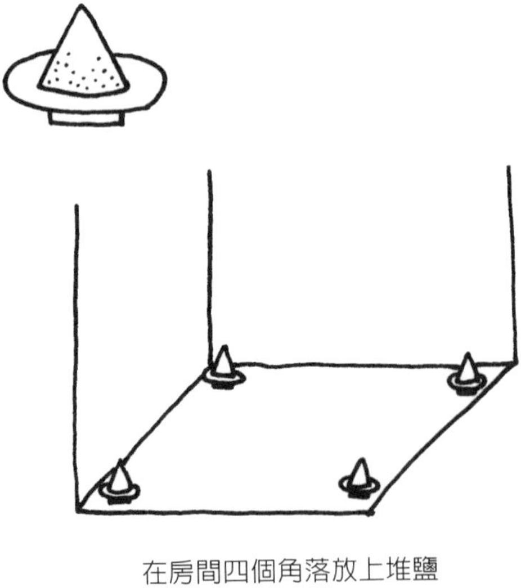

在房間四個角落放上堆鹽

2-7 用符咒及護身符打造結界

歷史悠久且廣為人知的結界

在神社或寺廟求來的符咒或護身符，也能爲我們打造結界。

許多人到有能量的景點時，都能獲得正面的能量或力量。神社或寺廟也是一種能量景點。之所以能夠帶著這些能量回來，就是因爲我們將符咒或護身符帶回家。

符咒泛指護符、符篆、符令、避邪物等各種物件，護身符則是將符咒做成小型、可以隨身攜帶的設計。

任何形式的符咒都具備打造結界的力量。

而且符咒具有神奇的力量，可以排除負面能量、吸引正面能量。

2-8 守護身體的結界

藉由配戴在身上的物品打造結界

接下來介紹如何打造守護身體的結界。

打造守護身體的結界之前，必須先淨化自己的身體。

雖說身邊會自然聚集許多波動合得來的人，這是宇宙不變的法則，不過我們有時候很難選擇自己的職場、學校等環境。

・不得不和不對盤的人相處。

・很不幸的必須和難相處的主管負責同一個案子。

・跟不喜歡的人在一個團隊裡而綁手綁腳。

如果遇到上述狀況，讓你忍不住心想「今天就是想在自己身上打造結界」，不妨試試以下的方法。

◎蛋形氣場法（做法參考第132頁）

只要在早上施行蛋形氣場法，就能打造結界，將負面能量阻隔在外。

◎將鹽巴帶在身上

鹽巴具有非常強大的打造結界能力，只要用宣紙或白紙將鹽巴包起來並隨身攜帶，就可以打造結界。

◎噴上自己喜愛的香氛

將自己喜愛且感覺放鬆舒適的香氛噴在身上，就能在身體四周打造結界。但要注意氣味不可過濃，才不會讓身邊的人感覺不舒服。

◎穿上喜歡的衣服

只要穿上眞心喜愛的衣服，就可以打造結界了。這裡說的並不是國際精品的名牌服飾，只要是打從心底喜愛的服裝都可以。

◎穿紅色內衣褲

紅色內衣褲也具備結界的效果。紅色能提升生命力，使我們處於腳踏實地的狀態，因此可以打造強韌的結界。也難怪許多人在關鍵時刻都會穿上紅色的內衣褲。

以貼身小物打造結界的方法

· 將鹽巴帶在身上。
· 噴上喜愛的香氛。
· 穿上喜歡的衣服。
· 穿紅色內衣褲。

小小的動作
就能為身心營造保護罩。

2-9
守護四周環境的結界

以下為各位介紹如何打造守護四周環境的結界。

打造結界之前，請大家先將四周環境打掃乾淨。

整潔的環境是強化結界的重點。

結界打造完畢後才發現裡面有負面能量的話，會削減結界的力量，讓不好的東西趁虛而入。

因此必須在打造結界之前，將環境整理或清潔好。

香氛的結界

穩定情緒的香氣或自己喜歡的香氣，都能營造出守護自己的空間。

建議大家在房間裡使用擴香或香氛精油。

如果是在工作場所，將精油滴在手帕並放置於桌面即可。

沉浸於自己喜歡的香氣之中，空間本身和自己的波動都會變高，不好的東西便無法靠近。

焚香的結界

在房間裡點上檀香，或是可以祛除晦氣的白鼠尾草，就能打造結界。

木炭的結界

木炭也可以打造守護空間的結界。

將木炭放在紙上，再放進喜歡的容器，擺在房間的四個角落，就能淨化空間。

木炭具有吸收晦氣等負面能量的力量。

聲音的結界

聲音也可以打造結界。

聲音是振動產生的聲波，是一種振動波，也就是波動。因此打造聲音的結界也能提升波動。

最簡單又方便的就是拍手。

將雙手手掌併攏後拍手兩次，發出「啪、啪」的聲音，這樣就完成結界了。拍手不需要任何工具。到外地出差或旅遊時，可以隨時輕鬆地淨化住宿的飯店房間。

日常生活中如果隱約感受到晦氣，不妨將門窗打開，拍手發出清脆的聲音。

許多人剛開始練習時只拍得出低沉的聲音，多練習幾次就能拍出清脆而響亮的聲音了。

只要拍出響亮的啪啪聲，就能消除晦氣。

花的結界

平常我會盡可能在房間裡插花。什麼花都好，只要能讓自己怦然心動的就可以。

「哇，我最喜歡這種花了。」

「這種花好吸引我！」

只要產生這種感覺，就會帶給我們當下所需的正能量。

不可思議的是，當我們覺得沮喪，花朵很快就會枯萎。那是因爲**花朵會幫我們吸收空間裡的負能量並加以淨化**。

這個時候別忘了跟花朵說聲謝謝。

第3章

強化結界的小習慣

3-1 在身邊擺放讓自己心動的小東西

心動的感覺能改變潛意識

生活中別忘了隨時淨化身邊的環境，這麼做可以加強結界的效果。

我平常會特別執行的方法是，在日常使用發自眞心喜愛的東西。

請大家想像一下每天的生活中，充滿著自己喜歡的事物是什麼感覺。

是不是十分令人雀躍且心動不已呢？

這種雀躍的心情非常重要，能幫助提升自己的波動。

大多人都花很多時間待在家裡。

發自真心喜愛並花錢買來的每一樣東西，都具有很高的波動，因此能淨化空間，進而提升自己的情緒。

此外，外出時帶在身上的東西也會帶來很大的影響。

例如我們每天都將錢包拿在手上使用，這類隨身物品也應該選擇眞心喜愛的設計或款式。

這麼一來，每次看到或使用的時候，都會覺得很開心、很雀躍，進而使內心感到充實。

這樣的充實感會傳遞到潛意識，慢慢地也會越來越懂得如何選購喜愛的物品。

3-2 壞掉或無法使用的東西要捨得丟棄

提升物品的波動後，就能招來財運

任何東西都具有波動。

像是缺角的餐具、壞掉的東西、洗不乾淨的墊子等物品，都屬於低波動，甚至會降低周遭的波動，進而招來波動更低的其他物品。

手邊如果有這樣的東西，就直接丟棄吧，不要覺得可惜。

就算使用鹽巴或竹炭淨化環境，但如果家裡有太多低波動的物品，也無法達到很好的效果。

當物品出現缺角、破損，或是沾上髒污後怎麼洗都洗不乾淨，表示這東西的壽命已盡。

這時不妨回想一下這件物品帶給我們的美好回憶，說聲「謝謝」並帶著感恩的心情將之丟棄。

有時候我們或許並不特別喜歡某樣東西，但會因爲價錢便宜而買下，這種東西的波動也都不高。

每次看到這些東西的時候，心裡的某個角落就會冒出「其實我並沒那麼喜歡，只是因爲便宜就買了」的念頭。

久而久之，就會形成「我只會買便宜的東西」這種自我意象，並吸引到不會變有錢的波動。

或許有些人會覺得這樣丟東西很浪費，但爲了吸引到其他高波動的物品，現在就將這些低波動的物品丟掉吧。

丟完之後你會發現，不但波動變高，就連內心也獲得滿足，潛意識會產生「我懂得購買自己喜歡的東西」的認知，進而招來財運。

物品的波動與吸引力之間的關係

破損的物品、缺角而無法繼續使用的物品、沒那麼喜歡但因為便宜而購買的東西……這些都會引來低波動。

壞掉的東西、不需要的東西，
立刻進行斷捨離吧！

3-3 與潛意識當好朋友

刻意親近自己的潛意識

多親近自己的潛意識、和潛意識當好朋友，也可以加強結界。

潛意識不同於顯意識，一般人對潛意識有太多不了解、不清楚的地方。

接下來爲大家介紹幾種和潛意識當好朋友的方法。

首先要了解最適合親近潛意識的時間。

早上剛起床的時候、晚上即將入睡前，這時會有意識朦朧、不太清醒的感覺。

這就是我們最接近潛意識的時間。

這段不太清醒的時間，是潛意識打開大門的時候，只要在這個時間點向宇宙下訂單，願望就很容易實現。

在這個時候想一些正面的事情，就可以吸引到想像中的東西。建議大家嘗試在早上剛起床時，想些令人雀躍或期待的事情。只要稍加練習，很快就能上手。

另外，希望大家再做一件事。就是讓自己在早上起床後，可以馬上看到喜歡的和感受到幸福的東西。

如果每天早上起床看到的東西能讓自己產生「我眞的好喜歡」或「實在太幸福了」的感覺，就會吸引到同樣幸福的波動，並發生幸福的事情。

晚上入睡前，同樣是可以親近潛意識的重要時間。

所以睡覺前最好能多想一些快樂的事情。

像今天一整天發生的事情當中，哪一件事讓自己感到最幸福、最開心，或是希望明天是怎麼樣的一天等，帶著愉悅的心情回想。如果有睡前閱讀的習慣，最好選擇提振精神的書。

藉由稱讚與潛意識連結

接著，介紹一種只要隨時留意就能與潛意識連結的方法。

那就是不斷稱讚自己。

很多人知道這個方法後告訴我：「但我找不到自己有哪些地方值得稱讚。」

千萬不要有這種想法，因爲不管是誰都有值得讚美的地方。

如果知道我是如何二十四小時不斷稱讚自己，許多人一定會驚訝不已，大家一定會想：「什麼？原來也可以這樣喔！」

「我正在幫家人準備早餐，實在太了不起了！」

「我正在掃廁所，很偉大吧！」

「我在工作耶，實在太偉大了！」

平常我都是這樣稱讚自己的。

隨時讚美自己「現在」正在進行的事，不覺得這樣很開心嗎？

因爲我處於二十四小時都在稱讚自己的狀態，所以當然隨時都在肯定自己，可以一直維持「我」很開心的狀態。

像這樣在顯意識稱讚自己，一定會傳達到潛意識，使自己更沉得住氣，更能湧現幸福感與自信。

將「理所當然」轉變為「心存感激」

我常告訴自己，世界上沒有理所當然的事。

「別人幫我〇〇是理所當然的」，當你有越多這樣的想法，越是害了自己。

老公賺錢回來是理所當然的。

家庭主婦煮飯是理所當然的。

結婚後做家事是理所當然的。

公司給我薪水是理所當然的。

越這麼想就會越痛苦、越焦慮。

最重要的是告訴自己，世界上沒有理所當然的事。面對已經處理好的一切，都應該心懷感激。

老公去倒垃圾、洗碗、出去工作撐起整個家，都不是「理所當然」。

所有的一切都值得感謝。

感謝的能量是最棒的波動之一。

如果能轉念將過去的「理所當然」轉變為「心存感激」，就能和潛意識當好朋友。

同時，因為波動變高，結界也會跟著變強，進而提升運勢。

3-4 改變呼吸

呼吸＋言語就能改變自己

接下來介紹一種改變呼吸方式就能強化結界的方法。

這個方法可以用在工作簡報前、在學校上台報告前、在眾人面前演說前等場合。

面對正式場合、覺得緊張的時候，可以試著將意識放在自己的呼吸上。

處於緊張狀態時，呼吸會較爲用力，而使得氣息變淺、變快。

呼吸變淺、變快的時候，就會不由自主產生「我非努力不可」的焦慮感。

越是需要努力，我們越會不自覺地使出多餘的力氣，這是爲了對抗生物本能的反應。

當你發現自己正處於這種狀態，請試著放鬆全身的肌肉並大口呼吸。

這時候無需大口吸氣，只要「呼——」地大口吐氣，就會自然大口吸進許多空氣。

如果這時候身邊沒有人，還可以在放鬆肌肉、大口呼吸之後，發出聲音告訴自己：「一定會順利，我可以的！」

「簡報一定會很順利，我可以的！」

「報告一定會順利完成，我可以的！」

「我不會緊張，一定可以保持平常心說話，我可以的！」

「比賽時一定可以發揮實力，我可以的！」

不妨在腦袋裡描繪成功的畫面，並開口說出來。

如果旁邊有人，不好意思說出口時，也可以放慢呼吸，在心裡說就好。只要調整呼吸，再加上言語及畫面的幫助，就能使結界變強，不吸引到負面能量。

「可能不會順利」這種不安的想法，也是一種晦氣，只要加強結界，將這種想法阻隔在外就好。

試過之後，如果這種不安的感覺變淡，並產生更多正面的想法，就沒問題了。

這方法就像汽車導航一樣，能帶領我們進入自己想像的狀態之中。

放開心中的抗拒，想像自己委身於整個宇宙吧。

3-5 借重神明的力量

獲得神明力量的唯一方法

我們還可以借重神明的力量來加強結界。

在這裡跟大家介紹一下我平常是如何與神明相處的。

大家平常到神社宮廟時，都是如何祭拜的呢？

穿過鳥居時，我會邊走邊跟神明打招呼。接著在有淨水池的亭子洗手、漱口，進入正殿後投入香油錢、鳴鐘向神明祭拜。

到這裡為止，應該和大家沒什麼兩樣。

但接下來，我會不斷向神明傳達感謝之意。

不是拜託神明，而是感謝神明。

我會把平常對家人、工作、身邊所有一切事物所懷抱感謝的心，以及感謝的事告訴神明，並祈求這個神社或宮廟的香火更加興旺。

懂得感謝，表示自己能夠將焦點放在目前「擁有的」。將焦點放在目前擁有的東西上，潛意識就會認知到「我所擁有的」，進而不斷吸引「擁有」。

吸引到更多之後，就能使用更多神明賜予的力量。

有些人覺得「感謝」非常困難。

那是因爲他們經常把焦點放在「自己沒有的」。

但這麼做只會吸引到更多的「沒有」，所以請大家試著將焦點放在目前自己手上的東西、現在擁有的東西。

只要能察覺自己擁有的，並向神明傳達感謝，這股感謝就會化爲強大的力量，使現實變得越來越好。

潛意識會向神明報告相信的事情

參拜的最後一個步驟，在於向神明報告接下來的計畫。

「我接下來要做〇〇！」

不要一味向神明祈求「希望一切順利」或「希望願望實現」，只要向神明報告即可。

就和向宇宙下訂單一樣，這個訊息會隨著感謝的能量，確實傳達到潛意識之中。

向神明鄭重宣布自己下定決心要做什麼事，能使願望變得強大，因此事情就會更順利。

借重神明力量的方法

· 向神明傳達感激而非請託。
· 感謝家人、工作、健康等一切擁有的事物。
· 最後向神明報告接下來的計畫。

不要一味拜託神明。

3-6 善用具有強大能量的礦石

善用能量石

想要強化結界，能量石具有很大的效果。

礦石集結了大地的能量，具有強大的波動，因此可以強化結界。

其中效果最好的就是「水晶」。

水晶在任何場合都能展現協調力，並順利整合一切，引導我們發揮更強大的力量。

水晶還具備絕佳的淨化作用，能幫助清除負面能量及調整各種波動，恢復到原本潔淨的狀態。

若想加強家中的結界，可以在家裡的四個角落放置能量石。放在自己喜歡的小碟子上，效果更好。

如果希望加強自己身邊的結界，可以將能量石佩戴在身上。

無論是將能量石串成手鍊、項鍊、墜飾，或裝進小袋子裡隨身攜帶都可以。

使用各種工具加強結界時的注意事項

爲了達到強化結界的目的，除了使用能量石之外，隨時保持愉快且雀躍的心情是最重要的。

因爲這樣能產生更多正面能量，使結界的力量更爲強大。

例如焚香打造結界時，不需一味聽從別人的建議，只要選擇自己眞心喜愛的氣味即可。

當我們看到或是聞到香水、香氛的時候，只要打從心底感覺這樣一定能達到淨化、加強結界的效果，這個東西就能順利強化結界。

我很喜歡閃亮亮和漂亮的東西，所以總是隨身帶著很多這樣的物品。
使用物品強化結界的時候，大家不妨將自身的感受列爲選擇時的重要標準。

第4章

將結界內的區域
轉變為能量場的方法

4-1 將結界內的區域轉變為能量場

前文提到，即使打造了結界，但如果結界內有許多負面事物，就會削弱結界的力量。

不能抱著「反正結界設好就沒問題了」的想法。

結界幫助我們保護自己及身邊的空間不受負面能量所影響，但我們也必須將其打造爲一個能量場，這樣才能確保只吸引到正面的能量。因此必須淨化結界的內部。

現在就起身淨化家裡、客廳、廁所、職場或身邊，將結界內的區域轉變爲能量場吧。

將結界內的區域轉變為能量場的好處

・提升結界內的能量。
・改善金錢的流動。
・提升日常生活的品質、能量的品質。
・使家裡變成能量場。

財運及生活上的運勢都會明顯改善。

4-2 如何將客廳變為能量場

打造充分放鬆的空間

平常我們在家裡待較久的地方，像是廚房或客廳，建議大家先將這些地方打造成能量場，藉以消除晦氣。

什麼是有晦氣的東西？像是破損的餐具、壞掉的物品、沾到髒污後洗不乾淨的東西，或是已經用不到的物品等。

破損或是壞掉的東西，都已經不會再使用了。不會再使用的，都是不需要的東西，所以波動已經變差。

留著這些物品會使空間裡的波動變差，運勢也會跟著下降。

客廳是家中最能讓人放鬆的空間。

結束一天的工作，終於可以休息，這時候許多訊息都更容易進入潛意識之中。

如果這時映入眼簾的是破損的、壞掉的物品，潛意識就會吸引到更多類似的東西。

正因爲是放鬆的空間，更應該營造出一個充滿自己眞心喜愛的東西、維持心動雀躍的環境。

藉由丟棄與添購物品，將空間轉變為能量場

很多人會一直將破損及壞掉的東西留在身邊，是因爲心裡卡著「不想浪費所以捨不得丟」的想法。

以前的我就是這樣。

要如何戒掉這種「不想浪費所以捨不得丟」的想法？首先，大家應該先知道一個宇宙法則。

在宇宙法則中，某樣東西消失之後，就會有一股力量將此物品的空間塡補起來。

當你丟掉了某件帶有晦氣的東西，就空出了一個空間。

一定會有某樣新的東西進入該空間。

所以，如果你一直留著帶有晦氣的東西，等於是阻礙新東西接近身邊的機會。

「放手之後一定會有新的東西進來」，這就是宇宙的法則。所以只要在某些東西上感覺到晦氣，就盡快處理掉吧。

找出自己的衝動購物模式

丟東西的時候，就是觀察自己行爲模式的時機。

把家裡的東西稍做整理之後，是不是發現自己買了很多類似的東西？

以前大掃除的時候，我曾經在家裡找出好多盒棉花棒。

「怎麼會買這麼多？」

認眞思考之後，我發現自己其實帶著「不安」的情緒。

「卸妝的時候如果沒有化妝棉或棉花棒會很麻煩！」

原因就來自這種不安，所以才會在家裡囤這麼多化妝棉和棉花棒。

在我察覺這件事情之後，就成功戒掉了囤貨的習慣。

大家不妨試試看，買某樣東西前先這樣問問自己：

是否因為不安而買了相同的東西？

是否為了省運費而買了不需要的東西？

是不是因為特價而一次買很多？

大家應該都有過類似的經驗，覺得丟掉很可惜、總有一天會用到，結果根本忘記有這樣東西的存在。

這些事我都做過。

丟東西其實是一個了解自己的機會。

因爲我曾經在丟東西時察覺自己的購物模式，所以改變了購物的方法。我不再買用不到的東西，省下來的錢可以和家人外出享用美食、買喜歡的東西或是存起來。

重新審視這一點，就能讓生活變得更充實。

丟東西的時候，請大家把過去的自己也一起丟掉吧。

決定購買某樣東西的時候，希望大家還能注意到一件事。

不要抱著「先買再說」及「不知不覺就買了」的想法。

思考要不要買某樣東西的時候，先問問自己：我眞心喜歡這件東西嗎？我眞的想要這樣物品嗎？這件東西讓我心動嗎？

如果選擇一樣東西的原因是「因爲流行」「因爲大家都有」「因爲很高級」，或反過來是「因爲便宜」，這種東西即使買了，內心也無法獲得滿足。

內心無法獲得滿足，就會一直被旁人或身邊的訊息牽著鼻子走，而忽略了自己眞正的想法。

這樣只會降低自己的波動。

因此，請大家選擇會讓自己感到開心、愉悅、雀躍的物品。這件事需要一些練習，或許沒辦法馬上做到。

傾聽內心聲音的意識，可以進而滿足「自我」，身邊充滿自己喜歡的物品，這樣的生活感受會傳達到潛意識之中，進而吸引到更多喜歡的、好的東西。

4-3 如何將臥室打造成能量場

臥室可連結到靈魂和潛意識

臥室其實是最適合打造結界，並形成能量場的地方。

大家都知道睡眠非常重要。但除此之外，還有一件事情也非常重要。

人在睡著的時候會回到靈魂世界。

回到靈魂世界消除所有疲勞，身體獲得充分休息後再回到原本的世界，這麼做能讓我們的心靈維持好精神。

如果睡眠時間太短，不但無法消除身體的疲勞，也無法消除心理的疲勞。

此外，人在睡著時能與潛意識進行連結。

不管是在舒適、放鬆的狀態下進入睡眠，或是睡得很不安穩，這些感受都會直接傳到潛意識，吸引到的東西也會跟著改變。

臥室是培養好運的地方。

因此我非常重視臥室的舒適與否。

我願意多花一些錢，選擇質感比較好的寢具。這麼做可以提升波動與運勢，吸引到波動更高的能量。

選擇一件高質感的單品

說到對臥室的講究，有些人不知該如何下手，剛開始執行的時候會覺得有點困難。我的建議就是，從寢具中選擇一件單品，多花點錢買好一點的。

例如雖然無法將床具、棉被等所有寢具全都換成高單價，但牙一咬還是可以花點錢選擇好一點的枕頭，讓自己睡起來比較舒服。

剛開始執行的時候，可以在能力範圍內嘗試看看。

只要換上一件質感比較好的單品，就能提升睡眠品質。因爲睡著的時候能連結到潛意識，因此這種舒適的感覺也會傳達出去，並吸引到更多質感好的東西。

此外，我也非常注重臥室裡的空氣流通。

打開窗戶讓新鮮空氣進入臥室中，就能導入新的能量並提升波動。

建議大家打造一個舒適、可充分放鬆，並能一夜好眠的環境。

對臥室的講究，可以進而爲自己打造開運體質。

4-4 如何將廁所打造成能量場

淨化家中的用水區域，改善財運的流動

接下來談談家中廁所等，用水區域的淨化。

廁所、洗臉台、浴室等用水區域，與財運的能量是有關連的。

如果經常使用的用水區域不乾淨，波動就會變低，使我們的健康運與財運變差。

因此，若想提升財運，就應該隨時維持廁所、洗臉台、浴室等環境的清潔並進行淨化。

此外，這些容易弄髒的地方，如果能隨時維持整潔的話，我們自己的能量波動

也會獲得淨化並因此提高。

還要留意用水區域的氣味。

如果廚餘沒有清理乾淨，或廁所沒有打掃乾淨，這種狀況持續久了就會發出不好的氣味。

日本有許多學校至今仍流傳著「廁所裡的花子」這個恐怖傳說，其實也和用水區域有關。濕氣太重、惡臭無法散去的地方，就會聚集晦氣。

如果一直放任用水區域的惡臭不處理，就會不斷引來負面的東西，使整個家和建築物的波動變低。

所以要記得經常清潔這些區域，並讓空氣對流。

據說，成功人士都很注重廁所的清潔。

徹底打掃乾淨之後，建議大家將鹽巴投入馬桶內沖掉，進行淨化及驅邪。

若能將馬桶及水龍頭也刷得亮晶晶的話更棒。

保持亮晶晶的狀態，可以讓財運更旺。散發光芒的東西可以吸引到好運，所以打掃之餘，最好也盡可能將整個廁所擦得閃閃發光。

4-5 如何將錢包、金錢轉變為能量場

隨時留意錢包的波動

提升錢包波動是一件非常重要的事。

錢包的能量過低，就越容易發生錢往外跑、付錢機會變多的狀況。

錢包裡不可以塞太多發票或集點卡，才不容易變形。變形的錢包無法讓錢進來。換句話說，會產生一種「錢進不來」的波動。

錢包，就是錢的家。

如果家裡塞滿了不需要的東西，會讓人待得不舒服、想要往外跑。

錢也一樣，如果錢包裡亂七八糟，錢就會想要離開這個環境。

錢包只要放錢和真正需要的卡片就好。記得錢包要隨時維持在清爽、沒有累贅的狀態。

只要錢在裡面待得舒適，就會招來更多的錢。

常有人問我：「買錢包的時候，應該怎麼選才好？」

我自己選擇錢包的時候，如果看到真正喜歡、感覺心動的款式，就會買下。

其實不只是錢包，任何時候自己的心情都是最重要的。

就算拿著價格高昂的名牌皮夾，如果不是自己喜歡的款式，也無法提升能量的波動。

錢包是大家隨身攜帶的配件，每天都會拿出來好幾次。因此更應該隨時留意錢包的能量波動。

打造讓錢包休息的地方

錢包的能量會隨著每天的使用而慢慢變低。

因此每天要盡可能將錢包從外出袋中取出，放在不會直接曝曬到陽光的地方休息。

如此一來，就能提升錢包的波動並打造結界。

市面上還可以買到專爲錢包設計的床鋪及棉被，使用這類小物加強結界也是不錯的方法。

我通常會在滿月的夜晚，讓錢包進行月光浴，使能量復甦。

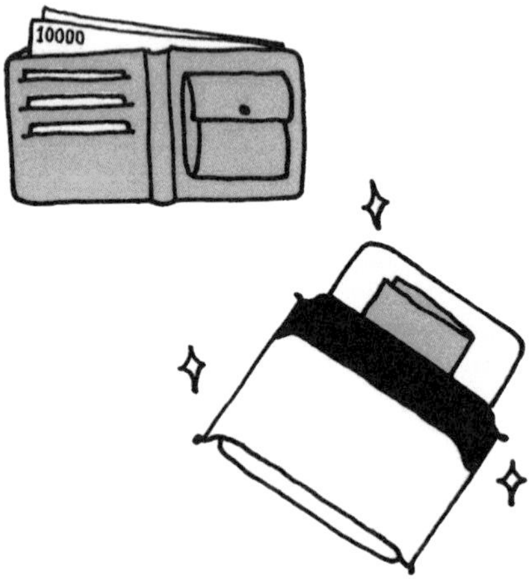

並且在這個時候將錢包擦拭乾淨，把不需要的東西拿出來丟掉。

據說月亮的能量具有很好的淨化能力。藉由月亮的能量來淨化，可以提升錢包的波動，並強化結界。

提升金錢的波動

將錢放入錢包時也有技巧。

有些人習慣將紙鈔的正面朝外，有些則朝內。

紙鈔正面朝外的話，找錢、拿錢時比較順手，財運也會越來越好。紙鈔正面朝內的話，比較容易存到錢。

我認為只要自己覺得舒服即可。

只有一點要特別注意。對於收款人來說，將紙鈔擺放為同一個方向，看起來比較整齊。

至於錢包裡要放多少錢才好？放得少不如放得多，這樣能量的循環會變得更好。

我曾經有過遺失錢包的經驗，所以某段時間只在錢包裡放一點點錢。

當時我每天就靠錢包裡少少的錢過活。

結果變得常跑銀行領錢。

而且那陣子我總是搞不清楚自己把錢花到哪裡，花錢的速度變得很快。

常跑銀行導致我的錢在無形之中變得越來越少。

錢變少使我感覺焦慮，這樣的焦慮又再導致錢變更少。

所以我決定再也不這麼做了。

我在錢包裡放入較多紙鈔，結果變得不再亂花錢，從錢包掏出錢的次數也變少了。

這實在很不可思議，卻是真實經驗。

如果你習慣在錢包裡只放一點點錢，不妨試著多放一些，**多到自己覺得太多的程度**。

裝入較多紙鈔之後，錢包的能量波動會變高。

看到錢的時候，我們的心情會感覺比較富足，久而久之，這樣的情緒會傳到潛意識裡，進而使心情更加富足。

好的用錢方法也能讓結界變強。

而怎麼樣的用錢方法能提升能量的循環呢？不外乎是購買真正喜歡的、提升自己的東西，把錢花在對人有幫助的地方。

只要經常把錢花在讓自己保持愉快的地方，錢包的波動就會提升，結界也會變強，進而減少不必要的開銷，錢也會一直進來。

第5章

藉由結界改變人際關係

5-1 為什麼結界對人際關係很重要

我們的波動會受他人的波動影響

我有一個客戶經常為了許多事情煩惱，其中最讓他苦惱的是人際關係。人際關係與其他問題不同的地方在於，無法靠自己的力量解決，因此常讓人不知該怎麼辦才好。

其實，結界對改善人際關係來說，也是不可或缺的。

讓自己喜歡的人、與自己處得來的人，都願意靠近自己。

讓自己不喜歡的人、難相處的人、會攻擊自己的人，都不要靠近自己。

如果能處於這樣的狀態，幾乎所有人際關係的煩惱都會消失，每天過得非常愉快。

所以，接下來就跟各位聊聊如何打造人際關係的結界。

認識自己的人際關係

首先必須了解自己喜歡怎麼樣的人、不喜歡怎麼樣的人。

許多有人際關係障礙的人，都不太清楚這個問題的答案，而是在發生某些不愉快之後才覺得「我不喜歡這個人」。

知道自己不喜歡怎麼樣的人，就能避免接近這樣的人，而使人際關係變得更輕鬆。

如果你正爲了人際關係而煩惱，不妨問問自己：

「為什麼我討厭這個人？」

與自己對話、了解自己為什麼不喜歡，這件事情非常重要。

我不喜歡的類型，就是整天把負面情緒掛在嘴邊、說話很酸、老是把不順怪到別人頭上、剝奪別人的時間和情報的人。

我在心裡偷偷稱這些人為「予取予求人」。簡單來說，這些人非常以自我為中心，總是不停說著自己的事，奪走別人的能量。

別讓行不通的人際關係削弱你的結界

接下來分享如何打造一個不讓討厭鬼的能量進入的結界。不過在這之前，請各位注意，某個動作會使這個方法變得完全無效。

那就是，和所有人打交道。

如果你希望受到每個人喜愛，壓抑自己的情緒，強迫自己和所有人打交道，結果一定會給自己惹來麻煩。

強迫自己和不喜歡的人打交道，反而使自己不開心，進而導致波動下降，就會引來負面的事物或各種麻煩事。

因此請先告訴自己，不需要和不舒服的人打交道，再嘗試以下的方法。

5-2 以「蛋形氣場法」打造人際關係的結界

大家可以試試這個方法，對於改善人際關係非常有效。

那就是「蛋形氣場法」。

這個方法能避免招惹到難相處的人，在不得不和討厭鬼打交道時，也能發揮很好的效果。當我不想從別人身上得到負面能量時，就會用這個方法打造結界。

這個方法的效果顯著，可以將對方的負面言語，隔絕於蛋形氣場之外。因此我也不會受到對方的負面能量所影響。

此外，還能保護我們不接收到閒雜人等的負面能量及晦氣，推薦大家在早上實行。

以「蛋形氣場法」打造人際關係的結界

① 靜靜呼吸，雙手打開成大字形。

② 以雙手的食指上下畫圓，畫出蛋形把自己包裹在裡面。

③ 想像這個蛋裡充滿著高波動，負面能量無法進入。

5-3 與討厭鬼切斷關係的「人際關係斷捨離」

下個步驟，就是實行人際關係斷捨離。

這個方法會讓你感覺異常輕鬆，和討厭的人際關係說再見。

如果你正苦於不知道如何與人切斷關係，更要試試。

若某些人對你有很深的執念，那種感覺就像是你們之間連著一條很粗的繩子，不拿剪刀用力剪開便無法分離。

讓我們想像自己手上握著這把剪刀，喀嚓喀嚓地把它剪斷。

如果這股能量沒那麼強烈，想像一下剪緞帶的畫面，輕輕把它剪斷吧。

人際關係斷捨離

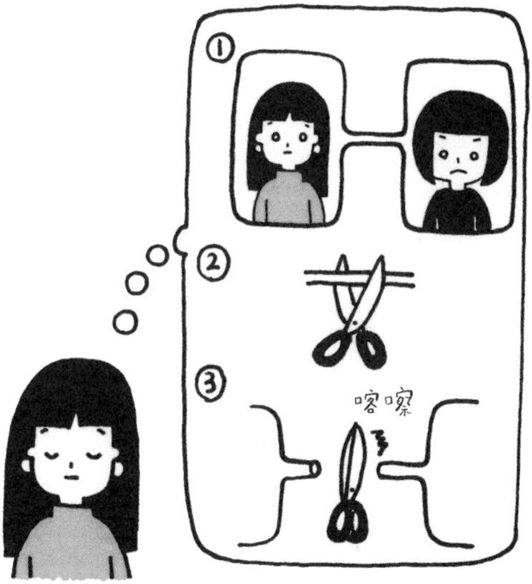

① 想像別人身體四周的靈氣和自己身體四周的靈氣之間有一小部分相連。
（假如希望與某人之間不要再有任何關聯，只要想像對方與自己的能量是互相連結的就可以了。）

② 想像靈氣之間相連的地方是一條「繩子」。

③ 想像自己拿剪刀把繩子剪斷。

5-4 來往的對象決定你的結界

人際關係的結界其實就在你身邊

剛才介紹了如何處理人際關係的結界，但其實人際關係的結界是自然形成的。所謂「物以類聚」，就是這個意思。宇宙的法則會將波動接近的人拉在一起，而這些在一起的人，四周就存在著肉眼看不見的結界。

和波動接近的人相處的時候，我們會感覺非常自在。因爲彼此會爲了相同的話題而聊得很開心，也有類似的興趣與嗜好。

但一旦你的程度提升了，就會開始覺得和身邊的波動格格不入。

剛開始這種感覺並不明顯，只會隱約覺得「明明在同一個結界，但怎麼覺得怪怪的」。

而當你的波動變得越來越高，如果身邊的人也和你一樣提高了他們的波動，你們就能和之前一樣相處自然。

但如果身邊的人仍維持一樣的波動，你就會覺得不舒服，相處時甚至會感覺非常痛苦。

這個時候很多人都會無意識地配合對方，使自己的波動變得越來越低。

請大家千萬不要這麼做。

這樣會失去好不容易獲得的安全

感，進而感到恐懼，同時也會失去成長的機會，實在可惜。

若你身處於這種狀態，請立刻跳進波動比自己更高的世界，不要有一絲猶豫。剛開始可能會感到不自在。

但只要提升自己的程度，使波動變高，就能解決這個問題。讓自己不自在的高波動環境，是能讓自己成長、進入下一階段的絕佳機會。

只要你的波動變得跟身邊的人一樣高，周遭的環境就會變得非常舒適了。當你覺得波動變高是理所當然、身處其中非常自在，波動就會停留在高處並維持穩定。

想要提升波動，就要和波動比自己高的人在一起。

有些人對於脫離目前的人際關係心存抗拒，總覺得不想破壞大家的感情，這時請告訴自己：「沒關係，我一定會遇到和自己合得來的人。」

這是每個人必經的過程。請大家鼓起勇氣跳脫現在的圈子，朝向波動更高的環境邁進。

5-5 人際關係中的吸引力法則

關係越強，吸引力越強

這裡爲大家重新整理一下何謂吸引力法則。

波動相似的人會互相吸引，這就是宇宙間的法則。

這樣的法則不但適用於物品，也適用於人際關係。

只要你提升了自己的能量波動，就會吸引到波動高的人。而當你的波動變低，就會吸引到波動低的人。

請大家回想一下過去的自己。

諸事不順的時候，身邊是不是充滿了無法爲自己帶來正面影響的人？可能會一直認識處不來的人，或不得不跟討厭鬼共事。

相反的，當你一帆風順的時候，每天都過得很開心、不斷認識優秀的人，身邊的朋友會不斷爲你帶來學習的機會。

一旦意識到人際關係的吸引力法則，我們就會清楚感受到這些變化。大家不妨多多留意身邊的人際關係。

人總是會將焦點放在自己特別留意的事物上。

例如滑雪的時候不斷告訴自己：「不可以撞到那棵樹，千萬不可以。」然後就會直直往那棵樹滑過去。

討厭鬼的身上帶有很強的能量，雖然是負面能量，卻比自己喜歡的人更能吸引我們的注意。結果我們就會被這些討厭鬼牽著鼻子走，讓自己不開心，每天過得很不起勁。

應該沒有人希望自己腦子裡想的都是討厭鬼吧。

所以我們更應該常常想起那些自己喜歡的、崇拜的、值得尊敬的人。

如果能因此吸引到這些人，更是好上加好。

5-6 捨棄「不想被討厭」的想法

只要改變自己的意識，就能打造人際關係的結界

如果因爲不想被討厭，而逼自己和所有人打交道，那麼一定會招來人際關係上的麻煩。

應該沒有人希望被討厭，我也是。

但是我們不可能滿足每一個人。

既然如此，最好打定主意只滿足自己喜歡的人即可，不需要強迫自己和不喜歡的人相處。

話雖如此，有時環境並不允許我們這麼做。

這時需要特別注意的是，不要讓討厭鬼的能量進入體內，也不要受到影響。

大家可以試試前面介紹的「蛋形氣場法」和「人際關係斷捨離」，打造與他人之間的強力結界。

打造結界之後，對方可能會因為感受到了什麼而與你疏遠、變得不想與你相處。這時，只需要默默接受對方離去這個事實即可。

越是爲人著想的人，遇到這種狀況的時候，都會擔心對方或是想安撫對方的情緒，但其實不需要這麼做。

因爲他們的波動和你不一樣，無法存在於同一個結界之中。而且他們身邊會聚集其他相同波動的人，對他們來說，那裡才是舒適的環境。

5-7 讓小人消失的結界

只要告訴自己「一切問題的原因都在我」

請大家先記住一件事情。

那就是，基本上每個人都討厭改變。

雖然某個地方有難應付的人讓自己不舒服，但因爲不想改變，所以會繼續待在那個地方。

請大家記住「基本上每個人都討厭改變」這句話，再接著聽我介紹這個解決人際關係問題時必須有的觀念。

發生問題時告訴自己：

「一切問題的原因都在我。」

如果把問題歸咎到別人身上，就永遠不可能解決。

把問題歸咎到別人身上時，不但無法解決，只會繼續存在。

想要解決到底是誰的錯，就只能想辦法改變別人。但從我個人多年的經驗看來，幾乎沒有人能順利改變他人，並因此解決問題。

沒有什麼事情比改變他人更難的。

但我們可以改變自己。

因此，懂得告訴自己「問題的原因都在我」，是非常重要的。

一旦接受了這樣的想法，問題便能很快獲得解決。對方會跟著改變、討厭鬼會遠離、原本的煩惱也無法再影響自己。

面對並接受自己心中的問題，就能使現實產生變化。

或許有些人對於承認問題的原因都在自己身上，會感到害怕或痛苦。

但這並非在責怪自己。

是面對，並接受問題。
你會發現人際關係的問題開始產生變化。

5-8 讓喜歡的人更容易靠近自己的結界

潛意識的世界裡沒有主詞

許多人以爲結界的存在是爲了「防禦」或是「排除」。

但我認爲結界是正向的，是可以吸引好運的。

例如女性最關心的主題——戀愛。

如果我們許願「想要有好對象」，那麼，和喜歡的男性類型處於同樣波動，就是一件很重要的事。

而且最重要的是要多和感情順利、婚姻幸福的朋友在一起。

身邊的朋友有很棒的對象，或是過著幸福的婚姻生活時，你是否打從心底祝福他們呢？

潛意識的世界裡是沒有主詞的。

當你心裡想著「眞開心（你）找到好對象」「（你）婚姻幸福，太棒了」，進到潛意識就會變成：

「（我）找到好對象。」

「（我）婚姻幸福！」

並且吸引類似的能量。

有些人會在朋友交了男朋友或結婚之後就不和對方來往，或是常常和同樣沒有對象的朋友在一起。但這麼做會在無形中提高沒有對象的能量，慢慢把自己塑造成「沒有對象的人」。

朋友找到很好的對象，或是結婚後過得很幸福，我們更應該常與他們來往。當我們的波動和他們變得接近，就能夠吸引到很好的對象或婚姻。

而且，如果朋友的男朋友或老公很優秀的話，他們的結界也會有其他優秀的男性，也就會多很多認識彼此或幫忙介紹的機會。

如果希望男性容易接近自己，其實根本不需要結界，反而要讓人「有機可乘」。對於想要找到好對象的女性來說，笑容就是最好的機會。

隨時展現笑容，為別人製造更容易與自己攀談的機會吧。

如何吸引到景仰的對象

接下來聊聊如何吸引景仰的對象或偶像。

首先，要主動去接近這些你景仰或「真希望成為這樣的人」的對象。

想辦法找出任何與他們見面的機會，像研討會或演唱會等場合，與他們共處在同一個空間裡，充分感受他們的波動。

好不容易與偶像見了面，或許會感覺自己與對方的波動不合、有點隔閡。但這樣的隔閡感其實非常重要。

這種「眞希望成爲這樣的人」的情緒，能提高你的波動。過一段時間之後，你會發現當初的隔閡早已消失無蹤。

5-9 打造人際關係的結界，成為理想中的自己

假裝自己已經變成理想中的自己

如何成爲理想中的自己呢？首先要「假裝」自己已經變成這樣的人。

「等我有錢之後。」

「等我有時間之後。」

「等我有能力之後。」

不要再等了，剛開始就算是用演的也好，請嘗試扮演出這樣的形象。

如果希望自己變成善解人意的人，就假裝自己已經是善解人意的人。希望自己是精明幹練的人，就扮演一個精明幹練的人。

這麼做之後，你會發現自己的波動產生變化。

即使剛開始不太自在，但因爲你已經在這個結界當中，所以波動會急速上升，不知不覺就會發現你已經成爲「理想中的自己」。

高波動的人際關係結界，有一個很大的特徵。

那就是不與人爭、不受勝負優劣影響。

波動越高的人，他們的結界其實不受頭銜或數字的影響，與人交往時更在乎對方的人格特質會帶來怎麼樣的感覺。

因爲他們不看重頭銜、懂得分辨人格特質的重要性，因此當他們知道你爲了成爲理想中的自己，而努力提升波動，便會張開雙臂接納你。

從假裝已經變成理想中的自己開始，你的人際關係將開始發生變化。

第6章

只吸引好事的祕訣

6-1 寫下理想的生活型態

設定好目的地才知道該往哪裡走

本書的最後一章要具體向各位介紹我平常實行的「只吸引好運的祕訣」。消除心牆、不爲自己設限的做法。

如果請你現在動筆寫下理想中的生活樣貌，你有把握馬上寫得出來嗎？

很多來參加講座的學員告訴我，「原來我根本不知道自己的理想是什麼」。

許多人都是在接到「請寫下理想的生活樣貌」這個指令之後，才發現自己從未思考過什麼是理想的自己。

如果不清楚自己希望成爲怎麼樣的人，當然不會知道該往哪裡走。

就像汽車導航一樣，上路之前必須先設定目的地，才有辦法爲我們指引方向。

請大家找個時間，想像理想中的自己，並動筆寫下來。

寫好之後思考以下這件事。

「這個理想中的自己，真的是發自內心的期望嗎？」

事實上，許多人在這時會產生一道心牆。

會從目前做得到的範圍內，選出一個理想中的自己。

寫下理想中的自己時，不需要思考實際上有沒有辦法做到。

也有些人會寫已經有別人做過，或是會讓他人羨慕的理想狀態。

因此，是否發自內心的期望非常重要。

請大家拿起筆，不要給自己太多設限，自由寫下內心眞正的想法。

只要抱著期待、雀躍的心情，誠實寫下理想中眞正的自己，並在腦海中描繪具體形象，願望就會一一實現，使夢想成眞。

6-2 列出目前擁有的富足

感恩就是最強而有力的波動

寫下理想中的自己之後，接著請大家列出目前擁有的富足。

看看目前身處的環境，你看見了什麼？

如果你正在自己的房間閱讀這本書，應該會有喜愛的東西映入眼簾吧？

或許你正穿著喜愛的服裝、拿著心愛的包包，許多自己擁有的富足都會進入視線範圍。

一一細數目前擁有的富足，自然就會對這些物品心懷感恩。

不需強求變得正面積極，只要察覺自己正處於富足的環境之中，就能輕鬆吸引到豐足的狀態了。

感恩就是一種最強而有力的波動。

感恩現在所擁有的，就能吸引到好運勢。

現在就請大家動筆，寫下目前所擁有的豐足吧。

6-3 立即採取行動

下定決心優先處理真正想做的事，人生就會因此改變

當你做了這些以往沒做過的事，心中那道阻礙吸引力法則的心牆就會瓦解。

所謂的心牆，可能是童年時受過的傷，或是一些錯綜複雜的問題糾結在一起所形成，也可能只是沒那麼高的心牆。

比較矮的心牆，通常只要採取行動就能輕易瓦解。

例如以下這個例子。

一位女性學員的心中有「我是家庭主婦，每天都必須做飯」，這種刻板印象的心牆。

所以她身心俱疲，不管做得多麼痛苦，還是會幫家人準備餐點。

有一天，她終於決定告訴家人：「抱歉今天沒辦法做飯，大家一起出去吃吧。」

沒想到大家完全沒有責備她，反而皆大歡喜。

因爲這位學員打破了「一定得煮飯給家人吃」的刻板印象這道心牆，所以心情變得輕鬆，也能打起精神面對自己眞正想做的事。

因爲可以將精力集中在眞正想做的事情上，也因此逐漸實現了自己的夢想。

由此可知，讓自己痛苦不堪、不開心的事，其實來自於自己的刻板印象這樣的心牆。

「這麼做會麻煩大家。」

「這麼做會讓人覺得我很任性，可能會被討厭。」

你是否也經常因此強迫自己做了很多不想做的事呢？

當你有這樣的想法，就狠下心來麻煩別人吧。

就算被討厭也沒關係，只要優先處理自己喜歡的事、想做的事就好。

之後你會發現，很多事情其實根本無所謂。

而且這樣的經驗可以幫助你破解心牆，能量的流動也會變好，也就更能集中精神在想做的事情上了。

6-4 相信自己、愛自己

接受宇宙訂單的祕訣

如果希望引來真正想要的東西，最重要的就是相信自己。把自己放在優先順位，並且愛自己。

如果不愛自己、覺得自己很差勁，就無法吸引到真正想要的事物。

因為這麼做等於否定自己的願望，不讓願望實現。

所以建議大家善用二十四小時稱讚自己的方法，比以前更重視自己。

喜歡自己就會相信自己，進而更能接收來自宇宙的訊息，人生也會更加順利。

最高境界的吸引力結界

我自己有個常用的終極結界法。

這是告訴自己要「相信自己、愛自己」，只吸引到眞正想要的東西的方法。

前面曾經提到任何事物都具有能量。

我實踐的方法，就是對於跟自己相關的所有能量，都抱持感恩的心。

就像房子，如果沒有人住、一直放著不管的話，屋況就會變差。

第一次聽說這件事的時候，我心想「原來房子是活的」。

以前開車的時候，每次只要聊到差不多該換車了，車子就會常壞，眞的很玄。

也就是說，我們應該認眞感受所有能量都是有生命的，而且所有的一切都會感受到言語的能量。

我所做的，就是與任何事物接觸時，都抱著感恩的心，對他們說「謝謝」。

把手貼在牆上，對房子說謝謝，並透過手掌、用心體會牆壁及整個房子傳出的能量。

這時你會發現整間房子變得很有精神，能量變得很高。

因爲能量變高，家人也更有精神，開始發生各種好事。

我很討厭搭飛機。就是因爲不喜歡，所以每次搭飛機時，我會把手放在飛機的牆面和椅子上，在心裡默念「謝謝」表達感謝，接著用手感受飛機的能量。

這麼做之後，我的不安便消失了，可以放心地搭飛機。

用同樣的方法對待錢包，能活化錢包的能量、讓錢變多。

住飯店的時候，我也一定會在房間裡做這些事，然後都能一直住到很棒的飯店。

因爲我隨時都在這麼做，對我來說已經是理所當然。只要對所有事物抱持感恩，就能打造最高境界的結界，爲我吸引到更多很棒的事情。

做完這些事情之後，心情也會變得輕鬆，全身充滿著幸福的能量。

我非常喜歡這個方法，推薦大家一定要試試看！

6-5 不要太過糾結於結界

不知道如何選擇的時候，就選自己覺得舒服的那一個

看到「不要太過糾結於結界」，或許有人覺得根本和前面的內容矛盾吧。但我想說的是，希望大家不要糾結於「沒有結界不行」「不這麼做不行」的成見。

如果你抱著「忘記打造結界所以不順利」的心態，那麼就算本來應該很順利的事，也會變得不順利了。

任何事都不會強過自己的意識能量，請大家相信意識所具備的力量。

打造結界可以讓你處於「萬事ＯＫ」的狀態。當心態處於萬事ＯＫ的狀態，也

就是願望實現的狀態。

就算忙到沒有時間打掃房子，也不需要有「這樣會破壞結界，會吸引到一堆壞東西」的想法。

沒能順利打造結界，也不需要有罪惡感。

你可以告訴自己：「今天太累了，休息一天好了。」放過自己吧。

「今天先丟垃圾就好。」

「先打掃廁所就好。」

只要做當時做得到的範圍，然後告訴自己「下次放假時再徹底打掃一番！」就可以了。

重要的是，隨時選擇讓自己感覺舒服的方式。

本書介紹了各種打造結界的方法，大家可以自由選擇自己喜歡、做起來很開心、做起來很有意思的方法，加以實行。

只有自己樂在其中，才能打造出一個吸引到真正想要的東西、而不引來壞東西的最強結界。

Eurasian Publishing Group
圓神出版事業機構
用心與你對話．視野無限寬廣
方智出版社
Fine Press
www.booklife.com.tw
reader@mail.eurasian.com.tw
方智好讀 138

好事吸引力結界

作　　者／碇典子
譯　　者／龔婉如
發 行 人／簡志忠
出 版 者／方智出版社股份有限公司
地　　址／臺北市南京東路四段50號6樓之1
電　　話／（02）2579-6600．2579-8800．2570-3939
傳　　真／（02）2579-0338．2577-3220．2570-3636
總 編 輯／陳秋月
副總編輯／賴良珠
主　　編／黃淑雲
責任編輯／胡靜佳
校　　對／胡靜佳．陳孟君
美術編輯／金益健
行銷企畫／陳禹伶．朱智琳
印務統籌／劉鳳剛．高榮祥
監　　印／高榮祥
排　　版／莊寶鈴
經 銷 商／叩應股份有限公司
郵撥帳號／ 18707239
法律顧問／圓神出版事業機構法律顧問　蕭雄淋律師
印　　刷／祥峰印刷廠
2021年6月　初版
2024年1月　7刷

定價 260 元　ISBN 978-986-175-599-1

你本來就應該得到生命所必須給你的一切美好！
祕密，就是過去、現在和未來的一切解答。

——《The Secret 祕密》

國家圖書館出版品預行編目資料

好事吸引力結界 / 碇典子著；龔婉如譯. -- 初版. -- 臺北市：
方智出版社股份有限公司, 2021.06
176面；14.8×20.8公分 --（方智好讀；138）

ISBN 978-986-175-599-1（平裝）
1. 心靈學 2. 超心理學 3. 靈修
175.9 110005774